MW01598828

Bibliographic information from the (

The German Library lists this publication in the German National Bibliography;
bibliographic data are available on the Internet at http://dnb.dnb.de.

Impressum:

Copyright, 2020, Mauschi Publishing
Anita Bigaone – fiktiver Autor-
wird vertreten durch - Marius Balogh
Stöhrstraße 1
97422 Schweinfurt, Bayern

ISBN:

First Edition
© 2020, Mauschi Publishing
Anita Bigaone – Author-
represented by - Marius Balogh
Stöhrstraße 1
97422 Schweinfurt, Bayern
Germany

ISBN:

These are the adventures of:

(Don´t use the real name)

Another Day of Micro Management

Date: _____

Temp.: _____ in F°

Size : _____ in "

Diameter Fitting Test: ø

Notes: _____

Another Day of Micro Management

Date: _____ 📅

Temp.: _____ in F°

Size : _____ in " 🔍

Diameter Fitting Test: ø

Notes: _____

Another Day of Micro Management

Date: _____ 📅

Temp.: _____ in F° 🌡

Size : _____ in " 🔍

Diameter Fitting Test: ø

◯ ◯ ◯ ◯ ∘

Notes: _____

Another Day of Micro Management

Date: _____ 📅

Temp.: _____ in F° 🌡️

Size : _____ in " 🔍

Diameter Fitting Test: ø

◯ ◯ ◯ ◯ ∘

Notes: _____

Another Day of Micro Management

Date: _____ 📅

Temp.: _____ in F° 🌡

Size : _____ in " 🔍

Diameter Fitting Test: ⌀

Notes: _____

Another Day of Micro Management

Date: _____ 📅

Temp.: _____ in F° 🌡

Size : _____ in " 🔍

Diameter Fitting Test: ø

⭕ ⭕ ⭕ ⭕ ∘

Notes: _____

Another Day of Micro Management

Date: _____

Temp.: _____ in F°

Size : _____ in "

Diameter Fitting Test: ø

Notes: _____

Another Day of Micro Management

Date: _____

Temp.: _____ in F°

Size : _____ in "

Diameter Fitting Test: ø

Notes: _____

Another Day of Micro Management

Date: _____

Temp.: _____ in F°

Size : _____ in "

Diameter Fitting Test: ø

Notes: _____

Another Day of Micro Management

Date: _____

Temp.: _____ in F°

Size : _____ in "

Diameter Fitting Test: ø

Notes: _____

Another Day of Micro Management

Date: _____

Temp.: _____ in F°

Size : _____ in "

Diameter Fitting Test: ø

Notes: _____

Another Day of Micro Management

Date: _____

Temp.: _____ in F°

Size : _____ in "

Diameter Fitting Test: ø

Notes: _____

Another Day of Micro Management

Date: _____

Temp.: _____ in F°

Size : _____ in "

Diameter Fitting Test: ø

Notes: _____

Another Day of Micro Management

Date: _____ 📅

Temp.: _____ in F° 🌡️

Size : _____ in " 🔍

Diameter Fitting Test: ø

◯ ◯ ◯ ◯ ∘

Notes: _____

Another Day of Micro Management

Date: _____ 📅

Temp.: _____ in F° 🌡

Size : _____ in " 🔍

Diameter Fitting Test: ø

Notes: _____

Another Day of Micro Management

Date: _____ 📅

Temp.: _____ in F° 🌡

Size : _____ in " 🔍

Diameter Fitting Test: ø

◯ ◯ ◯ ◯ ○

Notes: _____

Another Day of Micro Management

Date: _____
Temp.: _____ in F°
Size : _____ in "

Diameter Fitting Test: ø

Notes: _____

Another Day of Micro Management

Date: _____ 📅

Temp.: _____ in F° 🌡

Size : _____ in " 🔍

Diameter Fitting Test: ∅

◯ ◯ ◯ ◯ ∘

Notes: _____

Another Day of Micro Management

Date: _____

Temp.: _____ in F°

Size : _____ in "

Diameter Fitting Test: ø

Notes: _____

Another Day of Micro Management

Date: _____

Temp.: _____ in F°

Size : _____ in "

Diameter Fitting Test: ø

Notes: _____

Another Day of Micro Management

Date: _____ 🗓

Temp.: _____ in F° 🌡
Size : _____ in " 🔍

Diameter Fitting Test: ∅

(◯ ◯ ◯ ◯ ◦)

Notes: _____

Another Day of Micro Management

Date: _____ 🗓

Temp.: _____ in F° 🌡

Size : _____ in " 🔍

Diameter Fitting Test: ø

◯ ◯ ◯ ◯ ○

Notes: _____

Another Day of Micro Management

Date: _____

Temp.: _____ in F°

Size : _____ in "

Diameter Fitting Test: ø

◯ ◯ ◯ ◯ ○

Notes: _____

Another Day of Micro Management

Date: _____

Temp.: _____ in F°

Size : _____ in "

Diameter Fitting Test: ø

Notes: _____

Another Day of Micro Management

Date: _____

Temp.: _____ in F°

Size : _____ in "

Diameter Fitting Test: ø

Notes: _____

Another Day of Micro Management

Date: _____

Temp.: _____ in F°

Size : _____ in "

Diameter Fitting Test: ø

Notes: _____

Another Day of Micro Management

Date: _____ 📅

Temp.: _____ in F° 🌡️

Size : _____ in " 🔍

Diameter Fitting Test: ø

Notes: _____

Another Day of Micro Management

Date: _____

Temp.: _____ in F°

Size : _____ in "

Diameter Fitting Test: ø

Notes: _____

Another Day of Micro Management

Date: _____ 📅

Temp.: _____ in F° 🌡

Size : _____ in " 🔍

Diameter Fitting Test: ø

◯ ◯ ◯ ◯ ∘

Notes: _____

Another Day of Micro Management

Date: _____

Temp.: _____ in F°

Size : _____ in "

Diameter Fitting Test: ø

Notes: _____

Another Day of Micro Management

Date: _____

Temp.: _____ in F°

Size : _____ in "

Diameter Fitting Test: ∅

○ ○ ○ ○ ○

Notes: _____

Another Day of Micro Management

Date: _____ 📅

Temp.: _____ in F° 🌡

Size : _____ in " 🔍

Diameter Fitting Test: ø

Notes: _____

Another Day of Micro Management

Date: _____ 📅

Temp.: _____ in F° 🌡

Size : _____ in " 🔍

Diameter Fitting Test: ø

Notes: _____

Another Day of Micro Management

Date: _____ 📅

Temp.: _____ in F° 🌡️

Size : _____ in " 🔍

Diameter Fitting Test: ø

○ ○ ○ ○ ∘

Notes: _____

Another Day of Micro Management

Date: _____ 🗓

Temp.: _____ in F° 🌡

Size : _____ in " 🔍

Diameter Fitting Test: ⌀

◯ ◯ ◯ ◯ ∘

Notes: _____

Another Day of Micro Management

Date: _____

Temp.: _____ in F°

Size : _____ in "

Diameter Fitting Test: ø

Notes: _____

Another Day of Micro Management

Date: _____ 🗓

Temp.: _____ in F° 🌡

Size : _____ in " 🔍

Diameter Fitting Test: ø

○ ○ ○ ○ ○

Notes: _____

Another Day of Micro Management

Date: _____

Temp.: _____ in F°

Size : _____ in "

Diameter Fitting Test: ø

Notes: _____

Another Day of Micro Management

Date: _____ 🗓️

Temp.: _____ in F° 🌡️

Size : _____ in " 🔍

Diameter Fitting Test: ø

Notes: _____

Another Day of Micro Management

Date: _____ 📅

Temp.: _____ in F° 🌡

Size : _____ in " 🔍

Diameter Fitting Test: ø

Notes: _____

Another Day of Micro Management

Date: _____ 📅

Temp.: _____ in F° 🌡

Size : _____ in " 🔍

Diameter Fitting Test: ⌀

○ ○ ○ ○ ∘

Notes: _____

Another Day of Micro Management

Date: _____

Temp.: _____ in F°

Size : _____ in "

Diameter Fitting Test: ø

Notes: _____

Another Day of Micro Management

Date: _____

Temp.: _____ in F°

Size : _____ in "

Diameter Fitting Test: ø

Notes: _____

Another Day of Micro Management

Date: _____

Temp.: _____ in F°

Size : _____ in "

Diameter Fitting Test: ø

Notes: _____

Another Day of Micro Management

Date: _____ 🗓

Temp.: _____ in F° 🌡

Size : _____ in " 🔍

Diameter Fitting Test: ø

◯ ◯ ◯ ◯ ∘

Notes: _____

Another Day of Micro Management

Date: _____

Temp.: _____ in F°

Size : _____ in "

Diameter Fitting Test: ∅

Notes: _____

Another Day of Micro Management

Date: _____ 🗓

Temp.: _____ in F° 🌡

Size : _____ in " 🔍

Diameter Fitting Test: ø

Notes: _____

Another Day of Micro Management

Date: _____ 📅

Temp.: _____ in F° 🌡

Size : _____ in " 🔍

Diameter Fitting Test: ø

◯ ◯ ◯ ◯ ○

Notes: _____

Another Day of Micro Management

Date: _____
Temp.: _____ in F°
Size : _____ in "

Diameter Fitting Test: ø

Notes: _____

Another Day of Micro Management

Date: _____

Temp.: _____ in F°

Size : _____ in "

Diameter Fitting Test: ø

Notes: _____

Another Day of Micro Management

Date: _____ 🗓

Temp.: _____ in F° 🌡

Size : _____ in " 🔍

Diameter Fitting Test: ø

Notes: _____

Another Day of Micro Management

Date: _____
Temp.: _____ in F°
Size : _____ in "

Diameter Fitting Test: ø

Notes: _____

Another Day of Micro Management

Date: _____ 📅

Temp.: _____ in F° 🌡️

Size : _____ in " 🔍

Diameter Fitting Test: ∅

( ) ( ) ( ) ( ) ○

Notes: _____

Another Day of Micro Management

Date: _____ 🗓

Temp.: _____ in F° 🌡

Size : _____ in " 🔍

Diameter Fitting Test: ∅

○ ○ ○ ○ ○

Notes: _____

Another Day of Micro Management

Date: _____ 📅

Temp.: _____ in F° 🌡️

Size : _____ in " 🔍

Diameter Fitting Test: ∅

○ ○ ○ ○ ○

Notes: _____

Another Day of Micro Management

Date: _____

Temp.: _____ in F°

Size : _____ in "

Diameter Fitting Test: ∅

○ ○ ○ ○ ∘

Notes: _____

Another Day of Micro Management

Date: _____ 🗓

Temp.: _____ in F° 🌡

Size : _____ in " 🔍

Diameter Fitting Test: ø

Notes: _____

Another Day of Micro Management

Date: _____ 🗓

Temp.: _____ in F° 🌡

Size : _____ in " 🔍

Diameter Fitting Test: ø

⬭ ⬭ ⬭ ⬭ ∘

Notes: _____

Another Day of Micro Management

Date: _____ 🗓

Temp.: _____ in F° 🌡

Size : _____ in " 🔍

Diameter Fitting Test: ø

◯ ◯ ◯ ◯ ∘

Notes: _____

Another Day of Micro Management

Date: _____ 📅

Temp.: _____ in F° 🌡

Size : _____ in " 🔍

Diameter Fitting Test: ø

◯ ◯ ◯ ◯ ∘

Notes: _____

Another Day of Micro Management

Date: _____ 📅

Temp.: _____ in F° 🌡️

Size : _____ in " 🔍

Diameter Fitting Test: ø

◯ ◯ ◯ ◯ ∘

Notes: _____

Another Day of Micro Management

Date: _____

Temp.: _____ in F°

Size : _____ in "

Diameter Fitting Test: ø

Notes: _____

Another Day of Micro Management

Date: _____

Temp.: _____ in F°

Size : _____ in "

Diameter Fitting Test: ø

Notes: _____

Another Day of Micro Management

Date: _____

Temp.: _____ in F°

Size : _____ in "

Diameter Fitting Test: ø

Notes: _____

Another Day of Micro Management

Date: _____

Temp.: _____ in F°

Size : _____ in "

Diameter Fitting Test: ø

Notes: _____

Another Day of Micro Management

Date: _____ 🗓

Temp.: _____ in F° 🌡

Size : _____ in " 🔍

Diameter Fitting Test: ø

Notes: _____

Another Day of Micro Management

Date: _____ 🗓

Temp.: _____ in F° 🌡

Size : _____ in " 🔍

Diameter Fitting Test: ø

Notes: _____

Another Day of Micro Management

Date: _____

Temp.: _____ in F°

Size : _____ in "

Diameter Fitting Test: ø

Notes: _____

Another Day of Micro Management

Date: _____

Temp.: _____ in F°

Size : _____ in "

Diameter Fitting Test: ∅

Notes: _____

Another Day of Micro Management

Date: _____

Temp.: _____ in F°

Size : _____ in "

Diameter Fitting Test: ∅

○ ○ ○ ○

Notes: _____

Another Day of Micro Management

Date: _____

Temp.: _____ in F°

Size : _____ in "

Diameter Fitting Test: ø

Notes: _____

Another Day of Micro Management

Date: _____ 📅

Temp.: _____ in F° 🌡

Size : _____ in " 🔍

Diameter Fitting Test: ø

⭕ ⭕ ⭕ ◯ ○

Notes: _____

Another Day of Micro Management

Date: _____ 📅

Temp.: _____ in F° 🌡️

Size : _____ in " 🔍

Diameter Fitting Test: ø

◯ ◯ ◯ ◯ ∘

Notes: _____

Another Day of Micro Management

Date: _____ 📅

Temp.: _____ in F° 🌡️

Size : _____ in " 🔍

Diameter Fitting Test: ø

◯ ◯ ◯ ◯ ◦

Notes: _____

Another Day of Micro Management

Date: _____ 📅

Temp.: _____ in F° 🌡️

Size : _____ in " 🔍

Diameter Fitting Test: ⌀

Notes: _____

Another Day of Micro Management

Date: _____

Temp.: _____ in F°

Size : _____ in "

Diameter Fitting Test: ø

Notes: _____

Another Day of Micro Management

Date: _____ 📅

Temp.: _____ in F° 🌡️

Size : _____ in " 🔍

Diameter Fitting Test: ø

( ) ( ) ( ) ( ) ○

Notes: _____

Another Day of Micro Management

Date: _____ 📅
Temp.: _____ in F° 🌡
Size : _____ in " 🔍

Diameter Fitting Test: ø

○ ○ ◯ ○ ○

Notes: _____

Another Day of Micro Management

Date: _____

Temp.: _____ in F°

Size : _____ in "

Diameter Fitting Test: ⌀

Notes: _____

Another Day of Micro Management

Date: _____

Temp.: _____ in F°

Size : _____ in "

Diameter Fitting Test: ø

Notes: _____

Another Day of Micro Management

Date: _____ 📅

Temp.: _____ in F° 🌡️

Size : _____ in " 🔍

Diameter Fitting Test: ø

( ) ( ) ( ) ( ) ○

Notes: _____

Another Day of Micro Management

Date: _____ 🗓

Temp.: _____ in F° 🌡

Size : _____ in " 🔍

Diameter Fitting Test: ø

Notes: _____

Another Day of Micro Management

Date: _____ 🗓

Temp.: _____ in F° 🌡

Size : _____ in " 🔍

Diameter Fitting Test: ø

◯ ◯ ◯ ◯ ○

Notes: _____

Another Day of Micro Management

Date: _____ ⊞

Temp.: _____ in F° 🌡

Size : _____ in " 🔍

Diameter Fitting Test: ø

◯ ◯ ◯ ◯ ○

Notes: _____

Another Day of Micro Management

Date: _____

Temp.: _____ in F°

Size : _____ in "

Diameter Fitting Test: ø

Notes: _____

Another Day of Micro Management

Date: _____

Temp.: _____ in F°

Size : _____ in "

Diameter Fitting Test: ø

Notes: _____

Another Day of Micro Management

Date: _____ 📅

Temp.: _____ in F° 🌡️

Size : _____ in " 🔍

Diameter Fitting Test: ∅

Notes: _____

Another Day of Micro Management

Date: _____ 🗓

Temp.: _____ in F° 🌡

Size : _____ in " 🔍

Diameter Fitting Test: ø

◯ ◯ ◯ ◯ ◦

Notes: _____

Another Day of Micro Management

Date: _____

Temp.: _____ in F°

Size : _____ in "

Diameter Fitting Test: ø

Notes: _____

Another Day of Micro Management

Date: _____

Temp.: _____ in F°

Size : _____ in "

Diameter Fitting Test: ø

Notes: _____

Date: _____ 📅

Temp.: _____ in F° 🌡️

Size : _____ in " 🔍

Diameter Fitting Test: ⌀

◯ ◯ ◯ ◯ ◦

Notes: _____

Another Day of Micro Management

Date: _____ 📅

Temp.: _____ in F° 🌡️

Size : _____ in " 🔍

Diameter Fitting Test: ø

○ ○ ○ ○ ○

Notes: _____

Another Day of Micro Management

Date: _____

Temp.: _____ in F°

Size : _____ in "

Diameter Fitting Test: ø

◯ ◯ ◯ ◯ ○

Notes: _____

Another Day of Micro Management

Date: _____ 📅

Temp.: _____ in F° 🌡️

Size : _____ in " 🔍

Diameter Fitting Test: ø

◯ ◯ ◯ ◯ ·

Notes: _____

Another Day of Micro Management

Date: _____

Temp.: _____ in F°

Size : _____ in "

Diameter Fitting Test: ∅

Notes: _____

Another Day of Micro Management

Date: _____ 📅

Temp.: _____ in F° 🌡

Size : _____ in " 🔍

Diameter Fitting Test: ø

Notes: _____

Another Day of Micro Management

Date: _____ 📅

Temp.: _____ in F° 🌡️

Size : _____ in " 🔍

Diameter Fitting Test: ∅

◯ ◯ ◯ ◯ ∘

Notes: _____

Another Day of Micro Management

Date: _____

Temp.: _____ in F°

Size : _____ in "

Diameter Fitting Test: ∅

Notes: _____

Another Day of Micro Management

Date: _____

Temp.: _____ in F°

Size : _____ in "

Diameter Fitting Test: ∅

Notes: _____

Another Day of Micro Management

Date: _____

Temp.: _____ in F°

Size : _____ in "

Diameter Fitting Test: ø

Notes: _____

Another Day of Micro Management

Date: _____ 🗓

Temp.: _____ in F° 🌡

Size : _____ in " 🔍

Diameter Fitting Test: ø

◯ ◯ ◯ ◯ ○

Notes: _____

Manufactured by Amazon.ca
Acheson, AB

15013393R00059